tement qu'elle en avoit. La Chrétien-
té doit ceci au courage & à la pieté
du Sieur de Poutrincourt, qui ne peut
viure oisif parmi la trãquillité en laquelle nous vivons par le benefice du
feu Roy vôtre Epoux. Mais (MA-
DAME) si vous desirez bien-tot voir
cet œuvre avancé, il faut que vous y
mettiez la main. Donnez luy des ailes
pour voler sur les eaux, & penetrer
si avant dans les terres de delà, que
jusques à l'extremité où l'Occident se
joint à l'Orient, tout lieu retentisse
du nom de la France. Ie sçay qu'il
ne manque de volonté & fidelité au
service du Roy & de vôtre Majesté,
pour faire (apres ce qui est de Dieu)
que vous soyés obeï par tout le monde. Et pour mon regard en tout ce
que i'ay iamais travaillé, ie me suis ef-
forcé de bien meriter du Roy & du
public, ausquels i'ay dedié mes la-

beurs. S'il m'en arrive quelque fruit,
ie le dedieray volontiers, & tout ce
que Dieu m'a donné d'induſtrie, à
l'accroiſſement de cette entrepriſe, &
à ce qui regardera le bien de vôtre
ſervice. Cependant ayez (M A D A-
M E) agreable ce petit diſcours evangelique (c'eſt à dire portant bonnes
nouvelles) que publie à la France
ſouz vôtre bon plaiſir,

MADAME,

De vôtre Majeſté

Le tres-humble, tres-obeïſſant,
& tres-fidele ſerviteur & ſujet
MARC LESCARBOT.

CONVERSION
DES SAVVAGES

QVI ONT ESTE' BA-
PTIZE'S EN LA NOVVELLE
France, cette annee 1610.

AVEC VN BREF RECIT
du voyage du Sieur DE
POVTRINCOVRT.

23

A. PARIS,

Chez IEAN MILLOT, tenant sa boutique sur
les degrez de la grand' Salle du Palais.

Avec Priuilege du Roy.

A LA ROYNE.

ADAME,
Dieu m'ayant fait
naître amateur
de ma nation &
zelateur de sa gloi-
re, ie ne puis moins que de luy faire
part de ce qui la touche, & qui sans
doute l'époinçonnera quand elle en-
tendra que le nom de Iesus-Christ est
annoncé és terres d'outre mer qui por-
tent le nom de France. Mais parti-
culierement cela regarde vôtre Majesté, laquelle sur ces nouvelles a rendu un temoignage du grand conten-

A ij

LA CONVERSION DES

Sauvages qui ont esté baptisez
en la Nouuelle-France, cette
annee 1610.

A parole immuable de nô-
tre Sauveur Iesus- Christ
nous temoigne par l'orga-
ne de sainct Matthieu que
l'Euangile du royaume des cieux
sera annoncé par tout le monde, pour estre en temoignage à toutes nations, avant que la con-
sommation vienne. Nous sçavons par les
histoires que la voix des Apôtres a eclà-
té par tout le monde de deça dés il y a
plusieurs siecles passez, quoy qu'aujour-
d'hui les royaumes Chrétiens en soient
la moindre partie. Mais quant au nouveau monde decouvert depuis environ
six-vingts ans, nous n'auons aucun ve-
stige que la parole de Dieu y ait on-

Matth.
24.vers.
14.

ques eſté annoncéc avant ces derniers
remps, ſi ce n'eſt que nous voulions ad-
jouter quelǒuc foy à ce que Iehan de
Leri rapporte, que commeil racontoit
vn jour aux Breſiliens les grandes merveilles de Dieu en la creation du monde, & myſteres de nôtre redemption, vn
vieillart lui dit qu'il auoit oui dire à ſon
grand pere qu'autrefois vn homme bar-
bu (or les Breſiliens ne le ſont point)
eſtoit venu vers eux, & leur avoit dit
choſes ſemblables : mais qu'on ne le
voulut point écouter, & depuis ſ'eſtoiét
entre-tuez & mangez les vns les autres.
Quant aux autres nations de dela quelques vns ont bien quelque ſourde nouvelle du deluge, & de l'immortalité des
ames, enſemble de la beatitude des bié-
vivans apres cette vie, mais ils peuvent
avoir retenu cette obſcure doctrine de
main en main par tradition depuis le
cataclifme vniverſel qui avint au temps
de Noé. Reſte donc à deplorer la miſe-
rable condition de ces peuples qui oc-
cupent vne terre ſi grande, que le monde de deça ne vient en comparaiſon
avec elle, ſi nous comprenons la terre
qui eſt outre le détroit de Magellan di-
te

te, *Terra del fugo*, tant en son etenduë
vers la Chine, & le Iapan, que vers la
Nouvelle Guinée: comme aussi celle
qui est outre la grande riviere de Canada, qui s'estend vers l'Orient & est bai-
gnée de la grande mer Occidentale.
Toutes lesquelles contrees sont en vne
miserable ignorance, & n'y a point d'ap-
parence qu'elles aient onques eu le vet
de l'Evangile, sinon qu'en ce dernier
siecle l'Hespagnol parmi la cruauté &
l'avarice y a apporté quelque lumiere
de la religion Chrétienne. Mais cela est
si peu de chose, qu'on n'en peut pas faire si grand estat qu'il pourroit sembler,
d'autant que par la confession méme
de ceux qui en ont écrit les histoires ils
ont preque tué tous les naturels du
païs, & en fait nombre vn certain hi-
storien, de plus de vingt millions, dés
il y a soixante dix ans. L'Anglois depuis
vingt-cinq ans a pris pié en vne terre
qui git entre la Floride, & le païs des
Armouchiquois, laquelle terre a esté
appellée Virginie, en l'honneur de la
defuncte Royne d'Angleterre. Mais
cette nation fait ses affaires si secrete-
ment, que peu de gens en sçauent de

nouvelles certainës. Peu apres que i'eu
publié mon Hiſtoire de la Nouvelle
France on fit vn embarquemét de huit
cens hommes pour y envoyer. Il n'eſt
point mention qu'ils ſe ſoient lavé les
mains au ſang de ces peuples. En quoy
ils ne ſont ni à loüer, ni à blamer : car
il n'y a aucune loy, ni aucun pretexte,
qui permette de tuer qui que ce ſoit, &
méme ceux des biens deſquelz nous-
nous emparons. Mais ils ſont à priſer
s'ils montrent à ces pauvres ignorans le
chemin de ſalut par la vraye & non far-
deé doctrine Evangelique. Quant à
noz François ie me ſuis aſſez plaint en
madite Hiſtoire de la poltronnerie dü
temps d'aujourd'huy, & du peu de zele
que nous avons ſoit à redreſſer ces pauvres errans, ſoit à faire que le nom
de Dieu ſoit coneu exalté & glorifié
en ces terres d'outre mer, où jamais il ne
le fut. Et toutefois nous voulons que
cela porte le nom de France, nom tant
auguſte & venerable, que nous ne pou-
vons ſans honte nous glorifier d'vne
France qui n'eſt point Chrétienne. Ie
ſçay qu'il ne manque pas de gens de bõ-
ne volonté pour y aller. Mais pourquoy

l'Eglise, qui poſſede tant de biens; mais
pourquoy les Grands, qui font tant de
depenſes ſuperflues, ne financent-ilz
quelque choſe pour l'execution d'vn ſi
ſainct œuvre ? Deux Gentils-hommes
pleins de courage en ces derniers tẽps
ſe ſont trouvez zelés à ceci, les Sieurs de
Monts, & de Poutrincourt, leſquels à
leurs dépens ſe ſont enervés, & ont fait
plus que leurs forces ne pouvoient porter. L'vn & l'autre ont continué juſques
à preſent leurs voyages. Mais l'vn a eſté
deceu par deux fois, & eſt tombé en
grand intereſt pour s'eſtre rendu trop
credule aux paroles de quelques vns.
Or d'autant que les dernieres nouvelles
que nous avons de nôtre Nouvelle-
France viennent de la part du Sieur de
Poutrincourt, nous dirons ici ce qui eſt
de ſon fait : & avons iuſte ſujet d'exal-
ter ſon courage, entant que ne pouvant
viure parmi la tourbe des hommes oi-
ſifs, dont nous n'abondons que trop; &
voyant nôtre France comme languir
au repos d'vn calme ennuieux aux hõ-
mes de travail : apres avoir en mille oc-
caſions fait preuve de ſa valeur depuis
vingt quatre ans ença ; il a voulu coro-

ner ſes labeurs vrayement Herculeens
par la cauſe de Dieu, pour laquelle il
employe ſes moyens & les forces, & va
hazardant ſa vie, pour accroitre le nombre des citoyens des cieux, & amener à
la bergerie de Ieſus-Chriſt nôtre ſouverain Paſteur, les brebis egarées, leſquelles il ſeroit bien-ſeant aux Prelats de l'E-
gliſe d'aller recuillir (du moius contri-
buer à cet effect) puis qu'ils en ont le
moyen. Mais avec combien de travaux
s'eſt-il employé juſques ici à cela? Voi-
ci la troiſieme fois qu'il paſſe le grand
Ocean pour parvenir à ce but. La premiere année ſe paſſa avec le ſieur de
Monts à chercher vne demeure propre
& vn port aſſeuré pour la retraite des
vaiſſeaux & des hommes. Ce qui ne ſuc-
ceda pas bien. La ſeconde année fut
employée à la meſme choſe, & lors il
eſtoit en France. En la troiſieme nous
fimes epreuve de la terre, laquelle nous
rendit abondamment le fruict de nôtre
culture : Cette annee icy voyant par
vne mauvaiſe experience que les hommes ſont trompeurs, il ne s'eſt plus voulu attendre à autre qu'à luy-méme, &
eſt mis en mer le 26. Fevrier, ayant eu

temps fort contraire en sa navigation,
laquelle a esté la plus longue dont i'aye
jamais ouï parler. Certes la nôtre nous
fut fort ennuieuse il y a trois ans, ayans
esté vagabons l'espace de deux mois &
demi sur la mer avant qu'arriver au Port
Royal. Mais en cette-ci ils ont esté trois
mois entiers. De sorte qu'vn indiscret
se seroit mutiné jusques à faire de mau-
vaises conspirations : toutesfois la beni-
gnité dudit Sieur de Poutrincourt & le
respect du lieu où il demeuroit à Paris,
lui ont serui de bouclier pour luy garen-
tir la vie. La premiere côte où territ ice- *Territ,*
luy Sieur de Poutrincourt fut au port *c'est à*
au Mouton. De là parmi les brouillas *dire de-*
qui sont fort frequens le long de l'Eté *couvrir*
en cette mer, il se trouva en quelques *la terre.*
perils, principalement vers le Cap de
Sable, où son vaisseau pensa toucher sur
les brisans. Depuis voulant gaigner le
Port Royal, il fut porté par la violence
des vents quarante lieuës par-dela,
c'est à sçavoir à la riviere de No-
rombega tant celebrée & fabuleuse-
ment décrite par les Geographes & Hi- *Hist. de*
storiens, ainsi que i'ay monstré en madi- *la Nou-*
te Histoire, là où se pourra voir cette *velle*
navigation par la Table geographique

*France
liv.2.
chap.37.
p.527.*

que i'y ay mife. De-là il vint à la riviere
fainct Iehan qui eft vis à vis du Port
Royal pardela la Baye Françoife, où il
trouva vn navire de S. Malo, qui tro-
quoit avec les Sauvages du païs. Et là il
eut plainte d'vn Capitaine Sauvage
qu'vn dudit navire lui auoit ravi fa femme, & en abufoit dont ledit Sieur fit
informer, & print celui là prifonnier,
& le navire auffi. Mais il laiffa aller ledit
navire & les matelots fe contentant de
garder le malfaiteur : lequel neantmoins s'evada dans vne chaloupe & fe
retira avec les Sauvages, les detour-
nant de l'amitié des François, comme
nous dirons ci-apres. En fin arriués audit Port Royal il ne fe peut dire avec
combien de ioye ces pauvres peuples
receurent ledit Sieur & fa compagnie.
Et de verité le fujet de cette ioye eftoit
d'autant plus grand qu'ils n'avoient
plus d'efperance de voir les François
habiter aupres d'eux, defquels ils
auoient reffenti les courtoifies lors que
nous y eftions, dont fe voyans pri-
ués, auffi pleuroient-ils à chaudes lar-
mes quand nous partimes de là il y a
trois ans. En ce Port Royal eft la demeu-

re dudi* sieur de Poutrincourt, le plus beau sejour que Dieu ait formé sur la terre, remparé d'un rang de 12 ou 15. lieuës de montagnes du côté du Nort, sur lesquelles bat le Soleil tout le iour: & de cotaux au côté du Su, ou Midi: lequel au reste peut contenir vingt milles vaisseaux en asseurance, ayant vingt brasses de profond à son entrée, vne lieuë & demie de large, & quatre de long iusques à vne ile qui a vne lieuë Françoise de circuit: dans lequel i'ay veu quelquefois à l'aise noüer vne moyenne Baleine, qui venoit auec le flot à huict heures au matin par chacun jour. Au reste dans ce port se peche en la saison grande quantité de harens, d'eplans, (ou eperlans) sardines, bars, moruës, loups-marins, & autre poissons: & quant aux coquillages, on y recueille force houmars, crappes, palourdes, coques, moules, escargots, & chatagines de mer. Mais qui voudra aller au dessus du flot de la mer il pechera en la riviere force eturgeons & saumons, à la deffaicte desquels il y a vn singulier plaisir. Or pour reprendre nôstre fil, le Sieur de Poutrincourt arrivé

là a trouvé ſes batimens tout entiers
ſans que les Sauvages (ainſi a-on appellé ces peuples là iuſques à maintenant)
y euſſent touché en aucune façon, ny
méme aux meubles qu'on y avoit laiſſé.
Et ſoucieux de leurs vieux amis ils de-
mandoient comme vn chacun d'eux
ſe portoit, les nommant particuliere-
ment par leurs noms communs, & de-
mandans pourquoy tels & tels n'y
eſtoient retournez. Ceci demontre vne
grãde debõnaireté en ce peuple, lequel
auſſi ayant en nous recõnu toute huma-
nité, ne nous fuit point, comme il fait
l'Heſpagnol en tout ce grand monde
nouveau. Et conſequemment par vne
douceur & courtoiſie, qui leur eſt auſſi
familiere qu'à nous, il eſt aiſé de les faire plier à tout ce que l'on voudra, & par-
ticulièrement pour ce qui touche le
point de la Religion, de laquelle nous
leur avions baillé de bonnes impreſſiõs
lors que nous eſtions aupres d'eux, &
ne deſiroient pas mieux que de ſe ran-
ger ſouz la banniere de Ieſus Chriſt: à
quoy ils euſſent eſté receuz dés lors,
ſi nous euſſions eu vn pié ferme en la
terre. Mais comme nous penſions con-
tinuer,

tinuer, avint que le fieur de Monts ne
pouvant plus fournir à la depenfe, & le
Roy ne l'affiftant point, il fut contraint
de revoquer tous ceux qui eftoient pardelà, lefquels n'avoient porté les chofes
neceffaires à vne plus longue demeure.
Ainfi c'euft efté temerité & folie de
conferer le baptéme à ceux qu'il euft
fallu par apres abandonner, & leur donner fujet de retourner à leur vomiffe-
ment. Mais maintenant que c'eft à bon
efcient, & que ledit fieur de Poutrincourt fait pardelà fa demeure actuelle,
il eft loifible de leur imprimer le chara-
ctere Chrétien fur le front & en l'ame,
apres les avoir inftruit és principaux ar-
ticles de nôtre Foy. Ce qu'a eu foin de
faire ledit Sieur, fachant ce que dit l'A-
pôtre, que *celuy qui s'approche de Dieu doibt
croire que Dieu eft* : & apres cette croyan-
ce, peu à peu on vient aux chofes qui
font plus eloignées du fens commun,
comme de croire que d'vn rien Dieu ait
fait toutes chofes, qu'il fe foit fait homme, qu'il foit nay d'vne Vierge, qu'il ait
voulu mourir pour l'homme, &c. Et
d'autant que les hommes Ecclefiaftics
qui ont efté portés pardelà ne font en-

Aux
Hebr. 11.
verf. 6.

C

core inſtruits en la langue de ces peuples, ledit Sieur a pris la peine de les inſtruire & les faire inſtruire par l'organe
de ſon filsainé jeune Gentilhomme qui
entend & parle fort bien ladite langue,
& qui ſéble eſtre né pour leur ouvrir le
chemin des cieux. Les hommes qui ſont
au Port Royal, & terres adjacentes tirant vers la Terre-neuve, s'appellent
Souriquois, & ont leur langue propre.
Mais paſſée la Baye Françoiſe, qui a environ 40. lieuës de profond dans les
terres, & 10. ou 12. lieuës de large, les
hommes de l'autre part s'appellent Etechemins, & plus loin ſont les Armouchiquois peuple diſtingué de langage
de ceux-ci, & lequel eſt heureux en quā-
tité de belles vignes & gros raiſins, s'il
ſçavoit conoitre l'vtilité de ce fruit, le-
Ammian quel (ainſi que nos vieux Gaullois) il
Marcellin penſe eſtre poiſon. Il a auſſi de la chāve
excellente que la nature lui donne, laquelle en beauté & bóté paſſe de beaucoup la nôtre : & outre ce le Saſſafras,
force chenes, noyers, pruniers, chatai-
gniers, & autres fruits qui ne ſont venus
à nôtre conoiſſance. Quant au Port
Royal ie veux confeſſer qu'il n'y a pas

tant de fruits : & neantmoins la terre y
eſt plantureuſe pour y eſperer tout ce
que la France Gaulloiſe nous produit.
Tous ces peuples ſe gouvernent par Capitaines qu'ils appellent Sagamos, mot
qui eſt pris és Indes Orientales en méme ſignification, ainſi que i'ay leu en
l'hiſtoire de Maffeus, & lequel i'eſtime
venir du mot Hebrieu *Sagan,* qui ſigni-
fie Grand Prince, ſelon Rabbi David,
& quelquefois celui qui tient le ſecond
lieu apres le ſouverain Pontife. En la
verſion ordinaire de la Bible il eſt pris
pour le Magiſtrat : & neantmoins là méme les interpretes Hebrieux le tournēt
Prince. Et de fait nous liſons dans Be-
roſe que Noé fut appellé Saga tant
pour ce qu'il eſtoit grand Prince, que
pour ce qu'il avoit enſeigné la Theolo-
gie, & les ceremonies du ſervice divin,
avec beaucoup de ſecrets des choſes
natureles, aux Scytes Armeniens, que
les anciens Coſmographes appellerent
Sages du nom de Noé. Et paraventure
pour cette méme conſideration ont
eſté appellés nos Tectoſages, qui ſont
les Toloſains. Car ce bon pere reſtau-
rateur du monde vint en Italie, & en-

Eſai.41.
verſ.25.
Ierem.51.
verſ.23.
ſantes
Pagnin.

voya repeupler les Gaulles après le Deluge, donnant son nom de Gaullois (car Xenophon dit qu'il fut aussi appellé de ce nom) à ceux qu'il y envoya, par ce qu'il avoit esté echappé des eaux. Et n'est pas inconvenient que lui-méme n'ait imposé le nom aux Tectosages. Revenons à nôtre mot de Sagamos lequel est le tiltre d'honneur des Capitaines en ces Terres neuves dont nous parlons. Au Port Royal le Capitaine, ou Sagamos dudit lieu s'appelle en son nom Membertou. Il est âgé de cent ans pour le moins, & peut naturellement vivre encore plus de cinquante. Il a sous soy plusieurs familles, ausquelles il commande, non point avec tant d'authorité que fait hôtre Roy sur ses sujets, mais pour haranguer, donner conseil, marcher à la guerre, faire raison à celui qui reçoit quelque injure, & choses semblables. Il ne met point d'impost sur le peuple. Mais s'il y a de la chasse il en a sa part sans qu'il soit tenu d'y aller. Vray est qu'on lui fait quelquefois des presens de peaux de Castors, ou autre chose, quand il est employé pour la guerison de quelque malade, ou pour inter-

roger son dæmon (qu'il appelle *Aou-
tem*) afin d'auoir nouuelle de quelque
chose future, ou absente : car chaque
village , ou compagnie de Sauuages,
ayant vn *Aoutmoin*, c'est à dire Deuin,
qui fait cet office, Membertou est celui
qui de grande ancienneté à prattiqué
cela entre ceux parmi lesquels il a con-
uersé. Si bien qu'il est en credit pardes-
sus tous les autres Sagamos du païs, aiãt
dés sa jeunesse esté grand Capitaine, &
parmi cela exercé l'office de Deuin &
de Medecin, qui sont les trois choses
plus efficaces à obliger les hommes, & à
se rendre necessaire en ceste vie humaine. Or ce Membertou aujourd'huy par
la grace de Dieu est Chrétien auec toute sa famille, aiant esté baptizé, & vingt
autres apres lui, le jour sainct Iehan dernier 24. Iuin. I'en ay lettres dudit Sieur
de Poutrincourt en datte du vnzieme
jour de Iuillet ensuiuant. Ledit Membertou a esté nommé du nom de nôtre
feu bon Roy HENRY IIII. & son fils
ainé du nom de Monseigneur le Dauphin aujourd'huy nôtre Roy LOVIS
XIII. que Dieu benie. Et ainsi consequemment la femme de Membertou a

esté nommée MARIE du nom de la
Royne Regente, & à sa fille a esté imposé le nom de la Roine MARGVERITE. Le
second fils de Membertou dit Actaudin
fut nommé PAVL du nom de nôtre
sainct Pere le Pape de Rome. La fille du
susdit Louïs eut nom CHRISTINE en
l'honneur de Madame la sœur aince du
Roy. Et consequemment à chacun fut
imposé le nom de quelque illustre, ou
notable personnage de deçà. Plusieurs
autres Sauvages estoient lors allez ca-
banner ailleurs (comme c'est leur coutume de se disperser par bendes quand
l'esté est venu) lors de ces solennitez de
regeneration Chrétienne, lesquels nous
estimons estre aujourd'huy enrollés en
la famille de Dieu par le mème lavemēt
du sainct bapteme. Mais le diable, qui
iamais ne dort, en ceste occurrence ici
a témoigné la jalousie qu'il avoit du salut annoncé à ce peuple, & de voir que
le nom de Dieu fust glorifié en cette
terre : ayant suscité vn mauvais François, non François, mais Turc : non
Turc, mais Athée, pour detourner du
sentier de salut plusieurs Sauvages qui
estoient Chrétiens en leur ame & de

volonté dés il y a trois ans : & entre autres vn Sagamos nommé Chkoudun homme de grand credit, duquel i'ay fait honorable métion en mon Hiſtoire de la Nouvelle-Fráce, par ce que je l'ay veu ſur tous autres aymer les François, & qu'il admiroit nos inventions au pris de leur ignorance : mémes que s'eſtant quelquefois trouvé aux remontrances Chrétiennes qui ſe faiſoient par de là à noz Fráçois par chacun Dimanche, il s'y rendoit attentif, encores qu'il n'y entédiſt rien : & davantage avoit pendu devant ſa poitrine le ſigne de la Croix, lequel il faiſoit auſſi porter à ſes domeſtics & avoit à nôtre imitation planté vne grande Croix en la place de ſon village dit *Oigoudi*, ſur le port de la riuiere ſainƈt Iehan, à dix lieuës du port Royal. Or cet homme avec les autres, a eſté détourné d'eſtre Chrétien par l'avarice maudite de ce mauvais François que i'ay touché ci deſſus, lequel ie ne veux nómer pour cette heure pour l'amour & reverence que ie porte à ſon pere, mais avec proteſtation de l'eterniſer s'il ne s'amende. Celui-là, di-ie, pour attraper quelques Caſtors de ce Sagamos

Chkoudun, l'alla en Iuin dernier suborner, a-
pres s'estre euadé des mains dudit Sieur de
Poutrincourt, disāt que tout ce qu'icelui Poutrincourt leur disoit de Dieu n'estoit rien qui
vaille, qu'il ne le falloit point croire, & que c'e-
stoit vn abuseur, & qu'il les feroit mourir pour
auoir leurs Castors. Ie laisse beaucoup de me-
chans discours qu'il peut auoir adjouté à cela.
S'il estoit de la Religion de ceux qui se disent
Reformez ie l'excuserois aucunement: mais il
môtre bien qu'il n'est ni de l'vne, ny de l'autre.
Si diray-ie toutefois qu'il a sujet de remercier
Dieu du dāger où il s'est veu en nôtre voiage.
Ce Sagamos pouvoit estant Chrétien en rêdre
bon nombre semblables à lui, à son imitation.
Mais ie veux esperer, ou pluſtot croire pour
certain qu'il ne demeurera plus gueres long
têps en cet erreur, & que ledit Sieur aura trouvé moyen de l'attirer (avec beaucoup d'autres)
pres de soy, pour luy imprimer derechef les vi-
ves persuasions dont il lui avoit autrefois touché l'ame en ma presence. Car l'esprit de Dieu
est puissant pour faire tôber sur ce champ vne
nouvelle rousee, qui fera regermer ce que la
grele a desseché & abbatu. Dieu vueille par sa
grace conduire le tout en sorte que la chose
reüssisse à sa gloire & à l'edification de ce peuple, pour lequel tous Chrétiens doivent faire
continuelles prieres à sa divine bonté, à ce qu'il
lui plaise confirmer & avancer l'œuvre qu'il
lui a pleu susciter en ce temps pour l'exaltation
de son nom, & le salut de ses creatures.

F I N.

ce que la grele a defleché & abbatu. Il y
a pardela des hommes d'Eglife de bon
fçavoir que le feul zele de la Religion
y a porté, lefquels ne manqueront de faire tout ce que la pieté requerra en ce regard. Or quant à prefent il n'eft pas be-
foin de ces Docteurs fublimes qui peuvent eftre plus vtiles pardeça à combattre les vices & les herefies. Ioint qu'il y a
certaine forte de gens defquels on ne fe
peut pas bien affeurer faifans métier de
cenfurer tout ce qui ne vient à leurs ma-
ximes, & voulans commander par tout.
Il fuffit d'eftre veillé au dehors fans avoir
de ces epilogueurs qui confiderent tous
les mouvemens de vôtre corps & de vôtre cœur pour en faire regitres, defquels
les plus grands Rois mémes ne fe peuvét
defendre. Et puis, que ferviroiét pardela
tát de gens de cette forte, quát à prefent,
fi ce n'eft qu'ils vouluffent s'addonner à
la culture de la terre ? Car ce n'eft pas
tout que d'aller là. Il faut confiderer ce
que l'on y fera y eftant arrivé, Pour ce
qui eft de la demeure du Sieur de Poutrincourt il s'eft fourni au depart de ce
qui lui eftoit neceffaire. Mais s'il pre-
noit envie à quelques gens de bien d'y

avancer l'Evangile, ie feroy d'avis qu'ils
fiffent cinq ou fix bendes, avec chacun
vn navire bien equippé, & qu'ils allaf-
fent planter des colonies en diuerfes pla-
ces de ces quartiers là, comme à Tadouf-
fac, Gachepé, Campfeau, la Héve, Oigoudi, Sainćte Croix, Pemptegoet, Ki-
nibeki, & autres endroits où font les af-
femblées de Sauvages, lefquels il faut
que le temps ameine à la Religion Chrétienne: fi ce n'eft qu'vn grand Pere de famille tel que le Roy en vueille avoir la
gloire totale, & face habiter ces lieux.
Car d'y penfer vivre à leur mode i'eftime
cela eftre hors de nôtre pouvoir. Et pour
le montrer, leur façon de vivre eft telle,
que depuis la premiere terre (qui eft la
Terre-neuve) iufques aux Armouchiquois, qui font pres de trois cens
licuës, les hommes vivent vagabons,
fans labourage, n'eftans iamais plus de
cinq ou fix femaines en vn lieu. Pline à
fait mention de certains peuples dits
Ichthyophages, c'eft à dire Mangeurs de
poiffons, viuans de cela. Ceux ci font
tout de méme les trois parts de l'année.
Car venant le Printéps ils fe divifent par
troupes fur les rives de mer iufques à

l'Hiver,lequel venãt, par ce que le poiſſõ
ſe retire au fond des grandes eaux ſalées,
ilz cherchent les lacs & ombres des bois,
où ilz pechent les Caſtors,dont ilz vivẽt,
& d'autres chaſſes, comme Ellans Ca-
ribous, Cerfs, & autres animaux mo-
indres que ceux-là. Et neantmoins quelquefois en Eté méme ilz ne laiſſent point
de chaſſer: & d'ailleurs ont infinie quantité d'oyſeaux en certaines iles és mois
de May, Iuin, Iuillet, & Aouſt. Quant à
leur coucher, vne peau etendue ſur la
terre leur ſert de matelas. Et en cela n'a-
vons dequoy nous mocquer d'eux, par
ce que noz vieux peres Gaullois en faiſoient de méme, & dinoiẽt auſſi ſur des
peaux de chiens & de loups, ſi Diodore
& Strabon diſent vray. Mais quant au
pais des Armouchiquois & Iroquois, il
y a plus grande moiſſon à faire pour
ceux qui ſont pouſſez d'vn zele religieux, par ce que le peuple y eſt beaucoup
plus frequent, & cultive la terre, de laquelle il retire vn grand ſoulagement de
vie.Vray eſt qu'il n'entent pas bien la fa-
çõ de faire le pain, n'ayant les inventiõs
des moulins, ni du levain, ni des fours;
ains broye ſon blé en certaine façon de

le coucher

Armou-
chiquois.

mortiers, & l'empâte au mieux qu'il peut
pour le faire cuire entre deux pierres e-
chauffées au feu: ou bien rotit ledit blé
en epic fur la braife, ainfi que faifoient
les vieux Romains, au dire de Pline. Depuis on trouva le moyen de faire des ga-
teaux fouz la cendre : & depuis encore
les boulengers trouverent la façon des
fours. Or ces peuples cultivans la terre
font arretés, ce que les autres ne font
point, n'ayans rien de propre, tels qu'e-
ftoient les Allemansau temps de Tacite,
lequel a décrit leurs anciennes façons
de vivre. Plus avant dans les terres au
deffus des Armouchiquois font les Iroquois peuples auffi arretés, par-ce qu'ilz
cultivent la terre, d'où ils recueillent du
blé mahis (ou Sarazin) dés féves, des bô-
nes racines, & bref tout ce que nous a-
vons dit du pays defdits Armouchiquois, voire encore plus, car par necef-
fité ilz vivent de la terre, eftans loin de
la mer. Neantmoins ils ont vn grand lac
d'étendue merveilleufe, comme d'environ 60. lieuës, àlentour duquel ils font
cabãnés. Dans ledit lac il y a des iles belles & grandes, habitées defdits Iroquois,
qui font vn grand peuple, & plus on va

avant dans les terres plus on les trouve
habitées: si bien que (s'il en faut croire
les Hespagnols) au pays dit le Nouveau *Nouveau*
Mexique bien loin pardela lesdits Iro- *Mexique.*
quois, en tirant au Suroüest, il y a des
villes baties,& des maisons à trois & quatre etages: méme du bestial privé: d'où
ils ont appellé vne certaine riviere *Rio de*
las vaccas, La riviere des Vaches, pour y
en avoir veu en grand nombre paturer
le lõg de la riviere. Et est ce pays directe-
ment au Nort à plus de cinq cens lieuës
du vieil Mexique, avoisinant, comme ie
croy, l'exrremité du grand lac de la riviere de Canada, lequel (selon le rapport *Grand*
des Sauvages) a trente journées de long. *lac outre*
Ie croiroy que des hommes robu- *Canada.*
stes & bien composés pourroient vivre parmi ces peuples là, & faire grand
fruit à l'avancement de la Religion
Chrétienne. Mais quant aux Souriquois, & Etechemins, qui sont vagabons & divisés, il les faut assembler par
la culture de la terre, & obliger par ce
moyen à demeurer en vn lieu. Car qui-
conque a pris la peine de cultiver vne
terre il ne la quitte point aisement. Il cõ-
bat pour la conserver de tout son coura-

ge. Mais ie trouve ce deſſein de longuë
execution ſi nous n'y allons d'autre zele,
& ſi vn Roy ou riche Prince ne prent
cette cauſe en main, laquelle certes eſt
digne d'vn royaume tres-Chrétien. On
a jadis fait tant de depenſes & pertes
d'hommes à la reconqueſte de la Paleſti-
ne, à quoy on a peu proufité : & aujour-
d'hui à peu de frais on pourroit faire des
merveilles, & acquerir infinis peuples à
Dieu ſans coup ferir : & nous ſommes
touchés d'vne ie ne ſçay quelle lethargie
en ce qui eſt du zele religieux qui bruloit
noz peres anciennement. Si on n'eſpe-
roit aucun fruit temporel en ceci ie par-
donnerois à l'imbecillité humaine. Mais
il y a deſi certaines eſperances d'vne bõ-
ne vſure, qu'elles ferment la bouche à
tous les ennemis de ce pays là, leſquels
le decrient afin de ne perdre la traite des
Caſtors & autres pelleteries dont ils vivent, & ſans cela mourroyent de faim, ou
ne ſçauroient à quoy s'employer. Que
s'il plaiſoit au Roy, & à la Royne Regente ſa mere, en laquelle Dieu a allumé vn
braſier de pieté, prendre gouſt à ceci (cõ-
me certes elle a faict au rapport de la
Converſiõ des Sauvages baptizés par le

ſoin

soin du Sieur de Poutrincourt) & laisser
quelque memoire d'elle, ou pluſtot s'aſ-
ſeurer de la beatitude des cieux par cette
action qui eſt toute de Dieu , on ne peut
dire quelle gloire à l'avenir ce luy ſeroit d'eſtre la premiere qui auroit planté
l'Evangile en de ſi grandes terres , qui
(par maniere de dire) n'ont point de bor-
nes. Si Helene mere de l'Empereur Có-
ſtantin euſt trouvé tant de ſujet de bien-
faire , elle euſt beaucoup mieux aimé e-
difier à Dieu des temples vivans que tant
d'edifices de marbre dont elle a rempli la
terre ſaincte. Et au bout l'eſperance de
la remuneration temporelle n'en eſt poit
vaine. Car d'une part le Sieur de Poutrincourt demeure toujours ſerviteur du
Roy en la terre que ſa Maieſté luy a o-
ctroyée : en laquelle il ſeroit le rendez-
vous & ſupport de tant de vaiſſeaux qui
vont tous les ans aux Terres neuves, où
ilz reçoivent mille incommodités, & en
perit grand nombre, comme nous a-
vons veu & oui dire. Dailleurs penetrant
dans les terres, nous pourrions nous
rendre familier le chemin de la Chine
& des Molucques par vn climat & paral-
lele reperé, en faiſant quelques ſtatiós ou

demeures au Saut de la grande riviere
de Canada, puis aux lacs qui sont plus
outre, le dernier desquels n'est pas loin
de la grande mer Occidentale, par laquelle les Hespagnols vont aujourd'hui
en l'Orient. Ou bien on pouroit faire la
mesme entreprise par la riviere deSague-
nay, outre laquelle les Sauvages rappor-
tent qu'il y a vne mer dont ilz n'ont veu
le bour, qui est sans doute ce passage par
le Nort, lequel en vain l'on a tant re-
cherché. De sorte que nous aurions des

epices, & autres drogues sans les mendi-
er desdits Hespagnols, & demeureroit
és mains du Roy le proufit qu'il tire de
nous sur ces denrées: Laissant à part l'vtilité des cuirs, paturages, pecheries, & autres biens.   Mais il faut semer avant
que recuillir. Par ces exercices on
occuperoit beaucoup de ieunesse Françoise, dont vne partie languit ou do
pauvreté, ou d'oisivreté: ou vont aux pro-
vinces estrangeres enseigner les metiers
qui nous estoient iadis propres & parti-
culiers, au moyen dequoy la France e-
stoit remplie de biens, au lieu qu'aujour-
d'hui vne longue paix ne l'a encore peu
remettre en son premier lustre; tant

pour la raison que dessus, que pour le
nombre de gens oisifs, & mendians va-
lides & volontaires que le public nour-
rit. Entre lesquelles incommoditez on
pourroit mettre encore le mal de la chi-
quanerie qui mange nostre nation, dõt
elle a esté blamée de tout temps. A quoy
seroit aucunement obvié par les freque-
tes navigations : estant ainsi qu'une partie de ceux qui plaident auroient plustot
fait de conquester nouvelle terre, de-
meurans en l'obeissance du Roy, que de
poursuivre ce qu'ilz debattent avec tant
de ruines, longueurs, solicitudes, & travaux. Et en ce ie repute heureux tous
ces pauvres peuples que ie deplore ici.
Car la blafarde Envie ne les amaigrit poit
ilz ne ressentent point les inhumanitez
d'vn qui sert Dieu en torticoli, pour souz
cette couleur tourmenter les hommes,
ilz ne sont point sujets au calcul de ceux
qui manquans de vertu & de bonté s'af-
fublent d'vn faux pretexte de pieté
pour nourrir leur ambition. S'ilz ne cõ-
noissent point Dieu, au moins ne le blaf-
phement ilz point, comme font la pluf-
part des Chretiens. Ilz ne sçavent que
c'est d'empoisonner, ni de corrompre la

Chiqua-
nerie.
Ammiä
Marcellin

Felieité
des Sau-
vages.

chasteté par artifice diabolique. Il n'y a
point de pauvres, ny de mendians entre
eux. Tous sont riches, entant que tous
travaillent & vivent. Mais entre nous il
va bien autrement. Car il y en a plus de
la moitié qui vit du labeur d'autrui, né
faisant aucun metier qui soit necessaire
à la vie humaine, Que si ce païs là estoit
etabli, tel y a qui n'ose faire ici ce qu'il
feroit là. Il n'ose point ici estre bucheron,
laboureur, vigneron, &c. par ce que so
pere est chiquaneur, barbier, apothicai-
re &c. Et là il oublieroit toutes ces apre-
hensions de reproche, & prendroit plaisir à cultiver sa terre, ayant beaucoup de
compagnons d'aussi bonne maison que
lui. Et cultiver la terre c'est le metier le
plus innocent, & plus certain, exercice
de ceux de qui nous sommes tous des-
cendus, & de ces braves Capitaines Romains qui sçavoient domter & ne point
estre domtés. Mais depuis que la pompe
& la malice se sont introduits parmi les
hommes, ce qui estoit vertu a tourné en
reproche, & les faineans sont venus en
estime. Or laissons ces gens là, & revenons au Sieur de Poutrincourt, ains
pluftoft à vous, ô Royne Tres-Chretien-

Pour ceux qui vont en la N. France.

A la Royne.

ne, la plus grande, & plus cherie des
cieux que l'œil du monde voye en la rō-
de qu'il fait chaque iour alentour de
cet vnivers. Vous qui avés le maniement
du plus nòble Empire dici bas, Quoy
souffrirez vous de voir vn Gentil-hōme
de si bonne volonté sans l'employer &
sans le secourir? Voulez vous qu'il em-
porte la premiere gloire du monde par
dessus vous, & que le triomphe de cet affaire luy demeure sans que vous y parti-
cipiés? Non, non, Madame, il faut que le
tout vous en soit rapporté, & que cōme
les etoilles empruntent leur lumiere du
soleil, aussi que du Roy & de vous qui
nous l'avés dōné toutes les belles actiōs
des François depēdent. Il faut donc pre-
venir cette gloire, & ne la céder à autre,
tandis que vous avés vn Poutrincourt
bon François, & qui a servi le feu Roy de
regretable memoire vôtre Epoux (que
Dieu absolve) en des affaires d'Estat
dont les histoires ne font mention. En
haine dequoy sa maison & ses biens
ont passé par l'examen du feu. Il ne
passe point l'Ocean pour voir le païs,
comme ont fait presque tous les autres
qui ont entrepris de semblables naviga-

E iij

tions aux dépens de noz Roys. Mais il
môtre par effect quelle est son intentiõ,
si bien qu'on n'en peut point douter, &
ne hazarderez rien maintenant quand
vôtre Majesté l'employera à bon escient
à l'amplificatiõ de la religion Chrétienne és terres Occidentales d'outre mer.
Vous reconoissez son zele, le vôtre est
incomparable, mais il faut aviser où se
pourra mieux faire vôtre emploite. Ie
loüe les Princesses & Dames qui depuis
quinze ans ont dõné de leurs biens pour
le repos de ceux ou celles qui se veulent
sequestrer du monde. Mais i'estime (sauf
correction) que leur pieté seroit plus illustre si elle se montroit envers ces pauvres peuples Occidentaux qui gemis-
sent, & dont le defaut d'instruction
crie vengeance à Dieu contre ceux qui
les peuvent ayder à estre Chrétiens, &
ne le font pas. Vne Royne de Castille
a esté cause que la religion Chrétienne
a esté portée és terres que tient l'Hespagnol en Occident : faites ô lumiere des
Roynes du monde, que par vous bien-
tot on oye eclater le nom de Dieu par
tout ce monde nouveau où il n'est point
encore coneu. Or reprenant le fil de mõ

Histoire, puisque nous avons parlé du
voyage dudit Sieur de Poutrincourt, il
ne sera point hors de propos si apres a-
voir touché les incommodités & longueurs de sa navigation, qui l'ont reculé
d'vn an, nous disons vn mot du retour de
son vaisseau. Ce qui sera bref, d'autant
qu'ordinairement sont bréves les navigations qui se font des terres Occidentales en deça hors le Tropique du Cancre.
I'ay rendu la raison de cela en mon Histoire de la Nouvelle-France, où ie ren-   *Liv.1.ch.*
voye le Lecteur: comme aussi pour sça-   *14.& li.*
voir la raison pourquoy en Eté la mer y   *2.ch.41.*
est remplie de brumes en telle sorte que   *& 42.*
pour vn jour serein il y en a deux de
broüillas: & deux fois m'y suis trouvé   *s est à*
parmi des brumes de huict jours entiers.   *vn sot*
Ceci a esté cause que ledit Sieur de Poutrincourt renvoyant son fils en France
pour faire nouvelle charge, il a demeuré   *Que c'est*
aussi long temps à gaigner le grand Banc   *ce Banc*
aux Morües depuis le Port Royal,   *voy ladi-*
comme à gaigner la France depuis ledit   *te Histoi-*
Banc: & toutefois depuis icelui Banc jus-   *re liv. 2.*
ques à la terre de France il y a huit   *chap. 24.*
cens bonnes lieuës: & de là méme jus-
ques audit Port Royal il n'y en a gue-

res plus de trois cens. C'eſt ſur ledit,
Banc qu'on trouve ordinairement tout,
l'Eté forée navires qui font la Pecherie
des Moruës qu'on apporte pardeça, leſquelles on appelle Moruës de Terre-neuve. Ainſi le fils dudit Sieur de Poutrin-,
court (dit le Baron de Sainct Iuſt) arrivãt
audit Banc fit proviſion de viande fre-
che, & pecherie de poiſſon. En quoy faiſant il eut en rencontre vn navire Roche-
lois & vn autre du Havre de Grace, d'où
il eut nöuvelles de la mort lamentable,
de nôtre defunct bon Roy, ſans ſçavoir
par qui, ni comment. Mais apres eut en,
rencontre vn autre navire Anglois, d'où
il entendit la méme choſe, accuſans du
parricide des gens que ie ne veux ici nö-
mer : car ils le diſoient par haine & envie,
n'ayans plus grans adverſaires qu'eux. En
quinze jours donc ledit Sieur de Sainct
Iuſt fut rendu dudit Banc en France,
ayant toujours eu vent en poupe : navigation certes beaucoup plus agreable,
que celle du vingtſixieme de Février
mentionnée ci-deſſus. Les gens du Sieur
de Monts partirent du Havre de Grace
neuf ou dix jours apres ledit jour 26. Fevrier pour aller à Kebec. 40. lieuës parde-

la

la la riviere de Saguenay, où icelui Sieur
de Monts s'eſt fortifié. Mais ilz furent
contraints de relacher pour les mauvais
vents. Et là deſſus courut vn bruit que le
Sieur de Poutrincourt eſtoit peri en mer,
& tout ſon equipage. Aquoy ie n'adjou-
tay onques foy, croyant pour certain que
Dieu l'aidera, & le fera paſſer par-deſſus
toutes difficultez. Nous n'avons encore
nouvelles dudit Kebec, & en attendons
bien-tôt. Mais ie puis dire pour la verité
que ſi jamais quelque choſe de bon reüſ-
ſit de la Nouvelle-France la poſterité en
aura de l'obligatiõ audit Sieur de Monts
autheur de ces choſes, auquel ſi on n'euſt
point oté le privilege qui lui avoit eſté
baillé pour la traite des Caſtors & autres
pelleteries, aujourd'hui nous aurions force beſtiaux, arbres fruictiers, peuples, &
batimés en ladite province. Car il a deſi-
ré ardamment de voir pardela les affaires
etablies à l'honneur de Dieu & de la
France. Et jaçoit qu'on lui ait oté le ſujet
de continuër, ſi ne s'eſt-il point decou-
ragé juſques à preſent de faire ce qu'il a
peu, ayant fait batir vn Fort audit Kebec, avec des logemens fort beaux &
commodes. En ce lieu de Kebec ceſte

grande & immenſe riviere de Canada
eſt reduite à l'étroit, & n'a que la portée
d'vn fauconneau de large, abõdante en
poiſſons autant que riviere du monde.
Pour le pays il eſt beau à merveilles, &
abondant en chaſſe. Mais eſtant en pays
plus froid que le port Royal, aſſavoir
quatre vingtz lieuës plus au Nort, auſſi
la pelleterie y eſte-lle beaucoup plus bel-
le. Car (entre autres) les Renars y ſont
noirs, & d'vn poil ſi beau, qu'il ſemble
faire honte à la Martre. Les Sauvages
du Port Royal y peuvent aller en dix ou
douze jours par le moyen des rivieres ſur
leſquelles ils navigent préque juſques à
la ſource, & de là portans leurs petits ca-
nots d'écorce par quelque eſpace dans
les bois, ils gaignent vne autre riviere
qui va tomber dans ledit fleuve de Canada, & ainſi expedient bien-tot de lõgs
voyages : ce que de nous-mémes ne
ſçaurions faire en l'etat qu'eſt le païs. Et
par mer audit Kebec il y a dudit Port
Royal plus de quatre cens lieuës en al-
lant par le Cap Breton. Ledit Sieur de
Monts y auoit envoyé des vaches dés il
y a deux ans & demi, mais faute de quelque femme de village qui entendiſt le

gouuernement d'icelles, on en a laiſſé
mourir la pluſpart en ſe dechargeant de
leurs veaux. En quoy ſe reconoît combien vne femme eſt neceſſaire en vne
maiſon, laquelle ie ne ſçay pourquoy
tant de gens rejettent, & ne s'en peuvent paſſer. Quant à moy ie ſeray toujours d'auis qu'en quelque habitation
que ce ſoit on ne fera jamais fruit ſans la
compagnie des femmes. Sans elles la vie
eſt triſte, les maladies viennent, &
meurt-on ſans ſecours. C'eſt pourquoy
ie me mocque de ces myſogames qui
leur ont voulu tant de mal, & particu-
lierement i'en veux à ce fol qu'on a mis
au nombre des ſept Sages, lequel diſoit
que la femme eſt vn mal neceſſaire, veu
qu'il n'y a bien au monde comparable à
elle. Auſſi Dieu la il baillée *pour compagne*
à l'homme, afin de l'aider & conſoler : &
le Sage dit que *Malheureux eſt l'hôme qui eſt*
ſeul, car il n'a perſonne qui l'echauffe, & s'il
tombe en la foſſe il n'a perſonne pour le relever.
Que s'il y a des femmes folles, il faut e-
ſtimer que les hommes ne ſont point ſãs
faute. De ce defaut de vaches pluſieurs
ſe ſont reſſentis, car eſtant tombés ma-
lades ilz n'ont pas eu toutes les do-

ceurs qu'autrement ils euſſent euës, &
s'en ſont allez promener aux champs
Eliſées. Vn autre qui auoit eſté de nôtre
voyage, n'eut point la patience d'attendre cela, & voulut gaigner le ciel par eſ-
calade dés le commencement de ſon ar-
rivée, par vne conſpiration contre le
ſieur Champlein ſon Capitaine. Les
complices furent condemnés aux ga-
leres, & ramenés en France. L'Eté venu
aſſavoir il y a vn an, ledit Champlein de-
ſireux de voir le païs dés Iroquois, afin
qu'en ſon abſence les Sauvages ne le ſai-
ſiſſent point de ſon Fort, il leur perſua-
da d'aller là faire la guerre, & partirent
avec lui & deux autres François, en nõbre de quatre-vingts ou cent, iuſques
au lac deſdits Iroquois, à deux cẽs lieües
loin dudit Kebec. De tout temps il y a
eu guerre entre ces deux nations, comme entre les Souriquois & Armouchiquois : & ſe ſont quelquefois elevés les
Iroquois iuſques au nõbre de huit mille hommes, pour guerroyer & extermi-
ner tous ceux qui habitoient la grande
riviere de Canada : comme il eſt à croire
qu'ils ont fait, d'autant que là n'éſt plus
aujourd'hui le langage qui s'y parloit au

temps de Iacques Quartier, qui y fut il
y a quatre-vingts ans. Ledit Champlein
avec ſes troupes arrivé là, ilz ne ſe peu-
rent ſi bien cacher qu'ilz ne fuſſent ap-
perceuz de ces peuples, qui ont toujours des ſentinelles ſur les avenües de
leurs ennemis : & s'eſtans les vns &
les autres bien remparés, il fut convenu
entre eux de ne point combattre pour
ce jour là, mais de remettre l'affaire au
lendemain. Le temps lors eſtoit ſerein:
ſi bien que l'Aurore n'eut point plutot
chaſſé les ombres de la nuit, que la ru-
meur s'emeût par tout le camp. Quelque enfant perdu des Iroquois ayant
voulu ſortir de ſes rempars, fut tranſper-
cé non d'un trait d'Apollon, ou de l'Ar-
cherot aux yeux bendés, mais d'un vray
trait materiel & bien poignant qui le mit
à la renverſe. Là deſſus, la colere mon-
te au front des offenſés & chacun ſe met
en ordre pour attaquer & ſe defendre.
Comme la troupe des Iroquois s'avan-
çoit, Champlein qui avoit chargé ſon
mouſquet à deux balles, voyant deux
Iroquois marcher devant avec des pa-
naches ſur la tête, ſe douta que c'eſtoient
deux Capitaines, & voulut s'avancer

pour les mirer. Mais les Sauvages de Kebec l'empecherent, disans: Il n'est pas
bon qu'ilz te voyent, car incontinent,
n'ayans point accoutumé de voir telles
gens, ilz s'en fuiront. Mais retire toy
derriere le premier rang des nôtres, &
puis quand nous serons prets, tu devan-
ceras. Ce qu'il fit: & par ce moyen furent les deux Capitaines tout ensemble
emportés d'vn coup de mousquet. Lors
Victoire. victoire gaignée. Car chacun se deben-
de, & ne restoit qu'à poursuivre. Ce qui
fut fait avec peu de resistance, & em-
porterent environ cinquante têtes de
leurs ennemis, dont au retour ilz firent
Tabagie, de merveilleuses fêtes en Tabagies, dan-
c'est festi. ses, & chansons continuelles, selon leur
coutume.

EXTRAIT DV REGITRE
DE BAPTEME DE L'EGLISE DV
Port Royal en la Nouvelle
France.

LE IOVR SAINCT IEHAN
Baptiste 24. de Iuin.

EMBERTOV grand Sagamos âgé de plus de cent ans a esté baptizé par Messire Iessé Fleche Pretre, & nommé HENRY par Monsieur de Poutrincourt au nom du Roy. **1.**

MEMBERTOVCOICHIS (dit Iudas) fils ainé de Membertou âgé de plus de 60. ans, aussi baptizé, & nommé LOVIS par Monsieur de Biencour au nom de Monsieur le Dauphin. **2.**

Le fils ainé de Membertoucoichis dit à present Louïs Membertou, âgé de cinq ans, baptizé & tenu par Monsieur de Poutrincourt, qui l'a nommé IEHAN de son nom. **3.**

La fille ainée dudit Louïs âgée de treze ans aussi baptizée, & nommée CHRISTINE par ledit Sieur de Poutrincourt au nom de Madame la fille ainée de France. **4.**

La seconde fille dudit Louïs âgée d'onze ans aussi baptizée, & nommée ELIZABETH par ledit Sieur de Poutrincourt au nom de Madame la fille puisnée de France. **5.**

La troisieme fille dudit Louïs tenuë par ledit Sieur de Poutrinconrt au nom de Madame sa femme aussi baptizée, nommée CLAVDE. **6.**

La 4. fille dudit Louïs tenuë par Monsieur de Coullogue pour Madamoiselle sa mere, a eu nom CATHERINE. **7.**

La 5. fille dudit Louïs a eu nom IEHANNE ainsi nõmée par ledit Sieur de Poutrincourt au nõ d'une de ses filles. **8.**

La 6. fille dudit Louïs tenuë par René Maheu a esté nommée CHARLOTTE du nom de sa mere.

ACTAVDINECH troisieme fils dudit Henri Membertou a esté nommé PAVL par ledit Sieur de Poutincourt au nom du Pape Paul.

La femme dudit Paul a esté nommée RENEE du nom de Madame d'Ardanville.

La femme dudit Henri a esté tenuë par ledit Sieur de Poutrincourt au nom de la Royne, & nommée MARIE de son nom.

La fille dudit Henri tenuë par ledit Sieur de Poutrincourt, & nommée MARGVERITE au nom de la Royne Marguerite.

L'vne des femmes dudit Louïs tenuë par Monsieur de Iouï pour Madame de Sigogne, nommée de son nom.

L'autre femme dudit Louïs tenuë par ledit Sieur de Poutrincourt au nom de Madame de Dampierre.

ARNEST cousin dudit Henri a esté tenu par ledit Sieur de Poutrincourt au nom de Monsieur le Nonce, & nommé ROBERT de son nom.

AGOVDISOVEN aussi cousin dudit Henri a esté nommé NICOLAS par ledit Sieur de Poutrincourt au nom de Monsieur des Noyers Advocat au Parlement de Paris.

La femme dudit Nicolas tenuë par ledit Sieur de Poutrincourt au nom de Monsieur son neveu, a eu nom PHILIPPE.

La fille ainée d'iceluy Nicolas tenuë par ledit Sieur pour Madame de Belloy sa niepce, & nommée LOYISE de son nom.

La puis-née dudit Nicolas tenuë par ledit Sieur pour Iacques de Salazar son fils, a esté nommée IACQVELINE.

Vne niepce dudit Henri tenuë par Monsieur de Coullongne au nom de Madamoiselle de Grandmare, & nommée ANNE de son nom.

LOVE SOIT DIEV.